Just fun
Ballett für Kinder

Tanja Linder

Just fun – Ballett für Kinder

blv

Inhalt

Ballett – Ausdruck ohne Worte 50

Liebe Ballettmaus,

ich war gerade einmal vier Jahre alt, als meine Mutter vor mir stand und sagte: »Heute gehst du mit mir in eine Ballettschule.« »Na prima«, schoss es mir durch den Kopf, »die haben doch so wunderschöne Kleider! Wann geht es los?« Auch meine Oma hat uns zu dem großen Ereignis begleitet, denn sie schwärmte schon immer für das Ballett und hatte mir viel davon erzählt.

Vorher sind wir in ein Geschäft für Tanzbekleidung gegangen und ich habe einen tollen rosa Ballettanzug und echte Ballettschuhe bekommen. »Das fängt ja gut an«, dachte ich so bei mir.

In der Ballettschule waren viele andere Kinder, die auch das erste Mal eine Ballettstunde besuchten und ebenso gespannt waren, auf das was kommt, wie ich. Ich zog den rosa Ballettanzug an und habe mir sehr gut darin gefallen. Dann kam unsere Ballettlehrerin, die sehr nett war, und es ging los. Von nun an hatten wir viel Spaß, die Übungen waren gar nicht so schwer und gleich am ersten Tag hab ich jede Menge Freundinnen gewonnen.

Jetzt bin ich drei Jahre im Ballett und manchmal halte ich mich schon für eine große Tänzerin, aber bis dahin ist es natürlich noch ein weiter Weg. Man muss sehr viel üben und sich immer wieder konzentrieren, damit man sich die vielen Schritte und Sprünge merkt. Ballett ist mein liebstes Hobby und ich habe schon viele Tanzvorstellungen mit meiner Mutter und meiner Oma besucht.

Durch das Ballett habe ich eine schöne und graziöse Haltung bekommen. Manchmal sagt meine Mutter, ich würde wie eine Prinzessin durch die Wohnung stolzieren, leider muss ich trotzdem immer noch mein Zimmer aufräumen. Und in der Schule fragen meine Lehrer oft, warum ich so gut springen kann und ich sage dann ganz stolz: »Ich bin eine Balletttänzerin!«

Wenn du das Buch liest hoffe ich, dass auch du Lust bekommst eine Ballettschule zu besuchen, sodass wir Tänzerinnen wieder eine neue Ballerina dazugewinnen.

Deine Janina Ballerina

Die Ballettschule

Was brauchst du für die Ballettstunden?

Für den Ballettunterricht brauchst du bequeme und eng anliegende Ballettkleidung, in der du dich gut bewegen kannst. Nur wenn die Kleidung eng anliegt, kann die Ballettlehrerin genau sehen, welche Übung du falsch und welche du richtig machst.

Bevor du zur Ballettschule gehst, musst du die Balletttasche sorgfältig packen:

Das wichtigste sind die Schläppchen. Das sind die Schuhe, die du trägst. Sie sind aus Leder, Leinen oder Satin und meist rosa oder weiß. Diese Schläppchen sind ganz weich und die Füße fühlen sich darin richtig wohl. Ein kleiner Gummi an den Schuhen verhindert, dass du die Schläppchen beim Tanzen verlierst.

Nun müssen noch ein rosa Ballettanzug und ein kleines Röckchen in die Tasche.

Im Winter ist es ganz nützlich eine rosa Strumpfhose und ein rosa Wolljäckchen mitzunehmen, damit du zu Beginn der Ballettstunde nicht frierst.

Wenn alles gepackt ist, musst du die Haare noch frisieren. Es gibt viele Möglichkeiten für Ballettfrisuren: Du kannst die Haare flechten, Zöpfe machen oder sie zu einem Pferdeschwanz binden. Sehr graziös sieht ein Knoten aus, wie ihn die großen Balletttänzerinnen tragen. Bei kurzen Haaren trägst du am besten ein Haarband. Egal welche Frisur du magst, die Haare sollten dir beim Tanzen nicht in dein Gesicht fallen.

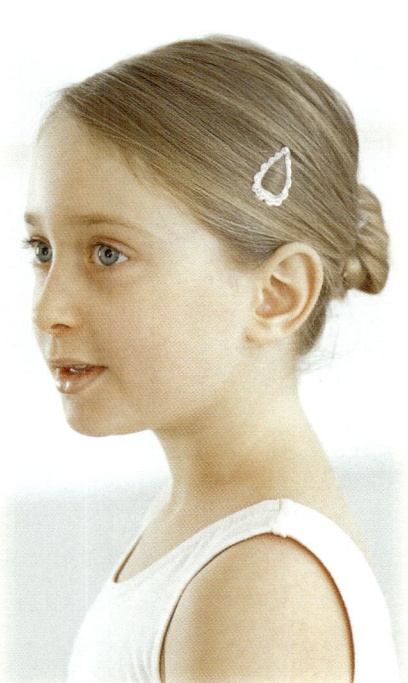

Ein Blick in den Ballettsaal

Der Ballettsaal ist meist ein großer Raum. Du wirst begeistert sein, wie viel Platz du zum Tanzen hast. An einer ganzen Wand ist ein einziger großer Spiegel angebracht, der den Raum unendlich weit erscheinen lässt. An der anderen Wand und vor dem Spiegel sind Holzstangen in zwei unterschiedlichen Höhen befestigt – damit auch die kleinen Tänzerinnen eine Stange in der richtigen Höhe haben. Diese Holzstangen nennt man Ballettstangen oder Barren.

Der Boden im Ballettsaal ist aus Holz und ist speziell für das Tanzen und Springen geeignet. Wenn du einen großen Sprung machst, gibt der Boden beim Landen nach, sodass deine Gelenke geschont werden. In einer Ecke stehen das Klavier und die Musikanlage.

Früher wurden alle Ballettstunden auf dem Klavier begleitet, da es noch keine Stereoanlagen gab. Heute werden einige Ballettstunden mit dem Klavier begleitet und andere mit CDs. Die Begleitung durch einen Klavierspieler ist ganz toll. Er kann auf jede einzelne Bewegung der Tänzer sofort eingehen und für die Tänzer schneller oder langsamer spielen. Es gibt auch wunderschöne Ballettmusik von sehr guten Klavierspielern auf CD.

Eine Probestunde

Die kleine Jessica möchte unbedingt einmal ausprobieren, wie es ist im Ballett zu tanzen. Ihre Eltern haben ihr schon viel über das Ballett erzählt und Jessica neugierig gemacht. Da sie aber nicht genau weiß, ob es ihr wirklich Spaß macht, soll ihre Mutter sie noch nicht in der Schule anmelden. Jessicas Mama hat heute in der Ballettschule angerufen und sich über den Ballettunterricht erkundigt. Dann hat sie Jessica begeistert erzählt: »Die Dame in der Ballettschule hat gesagt, dass du heute zu einer Schnupperstunde kommen kannst.« Jessica ist ganz aufgeregt und kann es kaum erwarten, denn ihre Freundin Jennifer tanzt schon seit einem halben Jahr und hat Jessica einiges vorgeschwärmt.

Janina Ballerina

Wenn du Lust hast zu tanzen, frag doch deine Mama oder deinen Papa, ob in eurer Nähe eine Ballett- oder Tanzschule ist.
Es gibt verschiedene Gruppen, die nach dem Alter der Kinder eingeteilt sind. Die Tanzstunden sind meistens nachmittags ein- bis zweimal pro Woche. Du kannst normalerweise ein bis zwei Probestunden machen. Wenn es dir gefällt, dann meldet dich deine Mutter oder dein Vater an und du kannst jede Woche in deiner Ballettschule üben.

13

Die Ballettstunde

beginnt

Die Ballettlehrerin und die kleinen Tänzer: Wir stellen uns vor

Alle Kinder sitzen im Ballettsaal und warten gespannt auf ihre Ballettlehrerin. Ebenfalls im Ballettanzug und mit Schläppchen an den Füßen kommt Tanja zur Tür herein. »Hallo ihr Ballettmäuse«, sagt sie. »Wie geht es euch? Seid ihr alle fit? Ich freue mich euch alle zu sehen. Wenn ihr heute fleißig mitmacht, dann habe ich am Ende der Stunde eine Überraschung für euch.«

Die Lehrerin Tanja hat heute einiges mit den Ballettmäusen vor: Zu Beginn der Stunde setzt sie sich mit allen Kindern in einem Kreis zusammen. Tanja holt ihre Ballettmappe hervor, in der sie alle Schüler aus den einzelnen Gruppen aufgeschrieben hat und fragt: »Sind Chiara und Sophie da? Ist Laura da? Sind Elisa und Helena da? Ist Kathalina da?«

Janina Ballerina

Meine Mutter oder meine Oma bringen mich jede Woche zur Tanzschule. Da ich es kaum erwarten kann und der Unterricht immer pünktlich anfängt, bin ich meistens 10 Minuten vor Beginn der Stunde da. So kann ich mich noch in Ruhe umziehen und aufwärmen.

Tanja erklärt: »Es ist sehr wichtig regelmäßig zu üben, damit deine Muskeln flink und stark werden. Dann kannst du längere Tanzfolgen meistern und ohne Probleme verschiedene Sprünge schaffen. Eine Balletttänzerin, die regelmäßig auf der Bühne steht, muss täglich trainieren, um ihren Körper fit zu halten. Also achte darauf, dass du möglichst keine Ballettstunde versäumst.

Alle Kinder die anwesend sind bekommen zur Belohnung einen Ballettstempel. So kann Tanja sehen, wer auch wirklich fleißig war. Und jetzt heißt es: »Es geht los!«

Aufwärmen

Zum Aufwärmen müssen sich alle kleinen Tänzer erst einmal richtig bewegen. So wird der ganze Körper warm und niemand tut sich bei den schwierigeren Übungen weh. Dazu stellen sich die Kinder paarweise in eine Ecke des Raums. Tanja sagt: »Heute machen wir Wechselschritte und beginnen mit dem rechten Bein. Bei diesen Wechselschritten ist einmal das rechte und einmal das linke Bein vorne. Die Beine gehen auf und zu, wie bei einer Schere. Ihr tanzt diesen Schritt zu zweit von der einen Ecke zur anderen und stellt euch dann hinten an. So kommt jede Tänzerin immer wieder an die Reihe.«

Janina Ballerina

Pass auf, dass deine Knie und auch deine Füße in der Luft ganz gestreckt sind. Es ist wichtig sich auf beides zu konzentrieren. Ich habe lange dafür geübt. Jetzt geht es immer besser.

Manchmal ist es schwer, sich auf die Schritte zu konzentrieren und gleichzeitig im Rhythmus der Musik zu tanzen. Dann machen die Kinder eine Rhythmusübung, damit es ihnen leichter fällt sich im Takt der Musik zu bewegen. Sie stehen im Kreis und klatschen gemeinsam den Takt der Musik. Schon beim nächsten Versuch tanzen die Füße mit der Musik.

Beweglichkeit

Tänzer müssen immer fleißig an ihrer Beweglichkeit arbeiten. Nur wenn das Bein weit zur Seite, nach vorne oder hinten geführt werden kann, kann man einen großen Sprung mit weit geöffneten Beinen tanzen, ohne die Muskeln zu verletzen. Auch kleine Tänzer müssen auf Sprünge und grazile Beinbewegungen im Ballett gut vorbereitet sein.

Alle Kinder strecken ihre Füße und Beine. Mit den Fingern krabbeln sie nach vorne zu den Zehen, bleiben dort und zählen gemächlich bis zehn, dann krabbeln sie wieder zurück. Die Bewegungen werden langsam gemacht, sodass die Muskeln schön vorsichtig gedehnt werden.

Janina Ballerina

Halte bei dieser Übung die Kniekehlen fest am Boden. Unter deinen Beinen darf keine Maus durchkrabbeln können. Wenn du die Übung richtig machst, dann kann es in den Muskeln schon etwas ziehen. Das ist ganz normal, wenn deine Muskeln gedehnt werden.

19

Bei der nächsten Übung werden die Beine zur Seite geöffnet. Die Beine und Füße sind wieder gestreckt. Aber jetzt krabbeln die Ballettmäuse zuerst zum rechten Bein und dann zum linken Bein.

Füße aufwecken

Wenn eine Balletttänzerin das Bein hebt, einen Schritt oder einen Sprung macht, sind ihre Füße gestreckt. Das schaut sehr elegant und graziös aus. Um den Fuß so schön strecken zu können, braucht man viel Kraft und genauso viel Beweglichkeit.

20

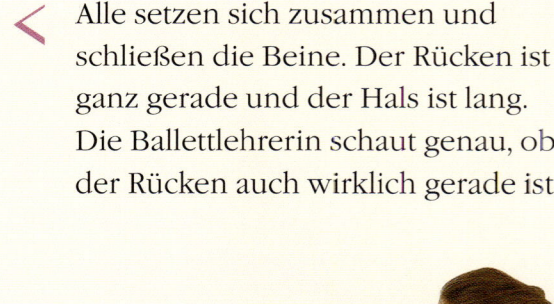

Alle setzen sich zusammen und schließen die Beine. Der Rücken ist ganz gerade und der Hals ist lang. Die Ballettlehrerin schaut genau, ob der Rücken auch wirklich gerade ist.

Die Haltung ist eines der wichtigsten Elemente beim Tanzen und wird jede Stunde geübt.
Laura strengt sich sehr an und macht sich ganz groß.

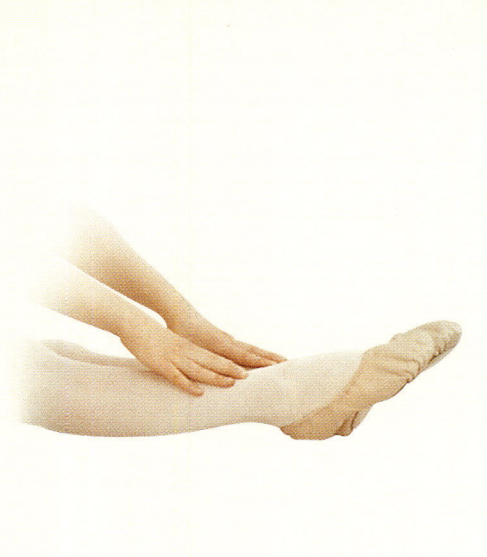

Jetzt beginnen die Kinder die Füße zu strecken und wieder zu beugen. Mit dieser Übung werden die Füße schön warm und das Fußgelenk wird gefestigt.

21

Als Nächstes werden die Beine mit gestreckten Füßen nach außen gedreht. Auch in dieser Position werden die Füße angezogen und gestreckt. So gewöhnen sich die Muskeln daran, die Beine in der ausgedrehten Position zu halten. Sie ist sehr wichtig für das Ballett.

Grundpositionen der Füße

Jede Balletttänzerin lernt Schritt für Schritt die fünf Fußpositionen. Sie sind die Grundlage für alle Bewegungen, die man im Ballettunterricht und später auf der Bühne tanzt. Also, pass jetzt ganz gut auf! Nun sind alle Kinder aufgewärmt und es geht los mit den Grundpositionen der Füße. Die Ballettlehrerin macht die einzelnen Positionen vor und die Kinder machen sie dann nach. Sie lernen die erste, zweite und dritte Position. Die vierte und fünfte Position werden erst später gebraucht, da sie etwas schwieriger sind.

22

Die erste Position

Die beiden Fersen berühren sich und die Fußspitzen sind nach außen gedreht. Die Füße stehen fest am Boden und das Körpergewicht ist gleichmäßig auf beide Füße verteilt.

Die zweite Position

Die Füße stehen seitlich so weit auseinander, dass etwas mehr als eine Fußlänge dazwischen Platz hat. Die Zehenspitzen zeigen wie in der ersten Position nach außen. Wichtig ist, das Körpergewicht gleichmäßig auf die Füße zu verteilen, um nicht die Balance zu verlieren und nach vorne oder nach hinten zu kippen.

< Die dritte Position

Ein Fuß steht vor dem anderen Fuß. Die Ferse des vorderen Fußes berührt die Mitte des hinteren Fußes. Die Zehenspitzen zeigen auch in der dritten Position nach außen.
Die dritte Position ist einfacher als die fünfte Position und ist deshalb sehr gut als Vorbereitung auf die schwierige fünfte Position geeignet.

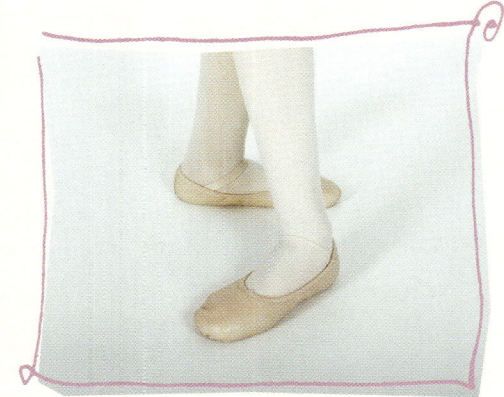

< Die vierte Position

Ein Fuß steht etwa eine Fußlänge vor dem anderen Fuß – nicht versetzt, sondern auf einer Linie. Auch in dieser Position zeigen die Fußspitzen nach außen und die Füße stehen fest am Boden.

23

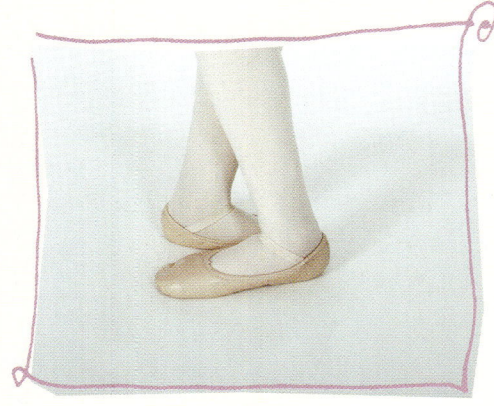

< Die fünfte Position

Die Fußspitzen zeigen wieder nach außen. Die Ferse des vorderen Fußes berührt die Fußspitze des hinteren Fußes. Diese Position erfordert viel Gleichgewichtsgefühl.

Die Ballettstange

Jetzt dürfen alle kleinen Ballerinen an die Ballettstange. Diese Holzstange wird auch Barre (gesprochen: barr) genannt. Das kommt aus dem Französischen und heißt Holzstange. An der Ballettstange hält man sich leicht fest, um sich besser auf die verschiedenen Übungen und Positionen konzentrieren zu können. Bei einigen Übungen steht der Tänzer vor der Stange und hält sich mit beiden Händen fest Bei anderen Übungen steht er seitlich neben der Stange und hält sich nur mit einer Hand fest. Der Daumen liegt immer direkt neben dem Zeigefinger auf der Stange und greift nicht nach unten. So kommt man nicht in die Versuchung, sich zu sehr an der Stange festzuklammern.

Die Holzstangen gibt es auf zwei verschiedenen Höhen, damit die kleinen und die großen Tänzer daran üben können.

Beginnt man mit der Ballettstange, macht man erst einmal einfache Übungen. Die Kinder arbeiten etwa zehn bis 15 Minuten an der Stange.

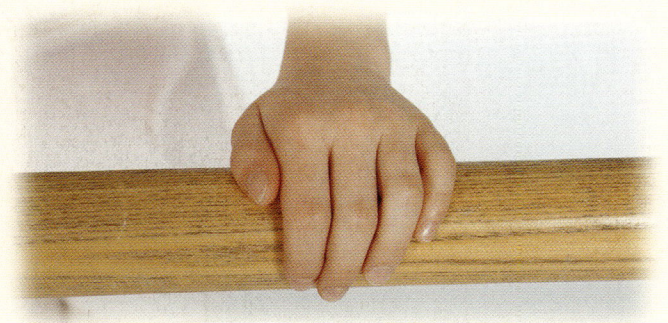

Janina Ballerina

Bei den großen, fortgeschrittenen Tänzern hilft die Stange beim Aufwärmen und beim Üben der Technik. Erst nach einer halben Stunde an der Stange, werden weitere Übungen gemacht.

24

Plié

Die erste Übung an der Stange ist ein *Plié* (gesprochen: plijee). Die Kinder beginnen mit dem »halben« oder »kleinen« *Plié*, das in der Ballettsprache Französisch *Demi Plié* (gesprochen: dömi plijee) heißt. Die Kinder legen beide Hände schulterbreit auf die Stange und stehen so weit entfernt von der Stange, dass die Arme fast gestreckt sind. Die Ellbogen sind etwas tiefer als die Hände. Die Füße stehen in der ersten Position. Die Knie werden gebeugt, die Fersen bleiben aber ganz fest am Boden.

Wichtig ist, dass die Knie nicht nach vorne fallen, sondern sich zur Seite hin öffnen. Tanja beschreibt es so: »Wir öffnen das Fenster weit, dann strecken wir wieder beide Knie und das Fenster wird geschlossen.«

Tanja zeigt den Kindern, dass es auch ein »großes« *Plié* gibt, bei dem man in eine tiefe Kniebeuge geht, es heißt *Grand Plié* (gesprochen: grañ plijee). Das ist etwas schwieriger, deshalb lernen es die Ballettmäuse erst später.

25

nicht so einfach, auf halber Spitze ruhig stehen zu bleiben.

Alle versuchen, die Hände von der Stange zu lösen und trotzdem ruhig stehen zu bleiben. Das ist richtig schwierig.

26

Halbe Spitze

Bei der nächsten Übung stehen die Füße ganz eng zusammen. Die Knie sind gestreckt. Die Fersen heben vom Boden ab und die Kinder stehen »auf halber Spitze«. Auf Französisch heißt das *Demi Pointe* (gesprochen: dömi poua). Es ist gar

Battement Tendu

Als Nächstes ist die Übung *Battement Tendu (gesprochen: battmañ tondü)* an der Reihe. In der ersten Position gleitet der Fuß am Boden entlang nach außen, bis er ganz gestreckt ist. Auf dem gleichen Weg wird der Fuß wieder herangezogen. Die Beine werden so für schnelle und exakte Bewegungen trainiert.

Tanja gibt uns einen Tipp: »Stellt euch vor ihr rutscht auf Glatteis, ohne dabei die Knie zu beugen.«

Die *Battements Tendus* werden zunächst zur Seite gemacht. Später werden sie auch nach vorne und nach hinten geübt.

Diese Übung kann im Ballett mit dem Gesicht zur Stange oder seitlich zur Stange gemacht werden. Mit dem Gesicht zur Stange wird die Position nicht gewechselt. Seitlich zur Stange wird die Übung erst mit dem einen Bein gemacht, dann dreht man sich elegant zur Stange hin um. Dabei legt man die andere Hand auf die Stange und übt mit dem zweiten Bein. Natürlich werden beide Beine trainiert, sonst wird ja ein Bein stärker als das andere.

27

Die Haltung

Eine Balletttänzerin erkennst du sofort an ihrer guten Haltung. Sie steht immer gerade und graziös. Sie lässt niemals die Schultern und den Kopf hängen oder steht mit einem krummen Rücken und gebeugtem Kopf da.

Tanja hat dafür ein schönes Bild: »Stellt euch vor ihr seid eine Marionette und ein Faden ist oben an eurem Kopf befestigt. Der Puppenspieler zieht den Faden straff und euer Körper wird

28

Janina Ballerina

Deine Haltung ist falsch wenn du aussiehst wie eine Ente, denn dann machst du ein Hohlkreuz. Siehst du aus wie ein Cowboy, dann hängt dein Körper zu weit nach hinten. Dein Gewicht muss gleichmäßig auf die Füße verteilt sein.

immer weiter gestreckt. Haltet den Kopf schön gerade und macht den Hals lang. Die Schultern sind locker. Zieht den Bauchnabel ein bisschen ein und spannt den Po leicht an.«

Kathalina zeigt dir, wie du es nicht machen solltest. Beim linken Bild steht sie viel zu sehr im Hohlkreuz. Beim rechten Bild hängen die Schultern müde und schlapp nach vorne.

29

Grundpositionen der Arme

Die Bewegungen einer Balletttänzerin sehen nur schön aus, wenn sie ihre Beine und Arme gleichermaßen geschmeidig und graziös bewegt. Wie es für die Füße verschiedene Fußpositionen gibt, gibt es auch für die Arme verschiedene Armpositionen. Man übt fünf

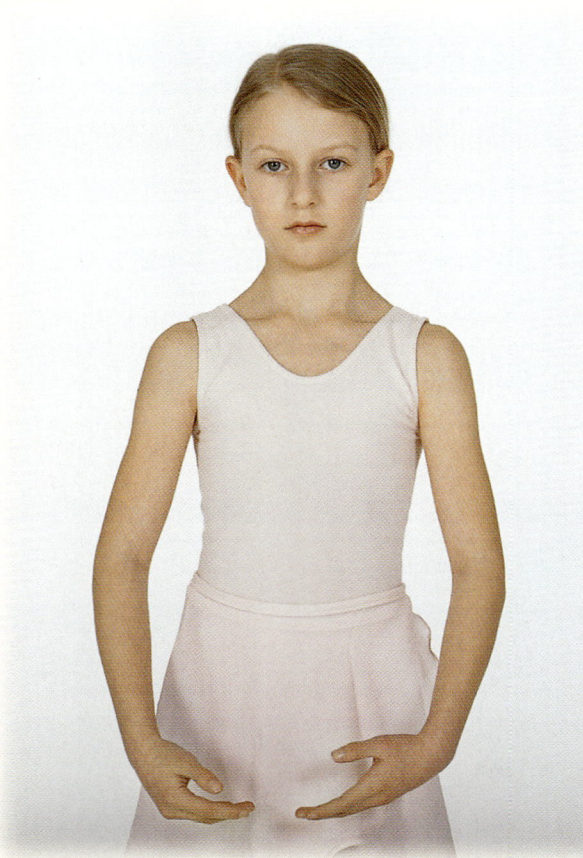

Janina Ballerina

Eine Balletttänzerin achtet stets darauf, dass sie die Schultern unten hält. Ihr Hals wirkt dadurch schön lang. Wenn dein Hals zwischen deinen Schultern verschwunden ist, dann siehst du aus wie eine Schildkröte.

verschiedene Positionen im Ballett. Die Bewegung von einer Armposition zur anderen Armposition nennt man *Port de Bras* (gesprochen: por de bra).

Zu Beginn jeder Übung werden die Arme in einer vorbereitenden Position gehalten. Diese Position nennt man *Bras Bas* (gesprochen: bra ba). Die Arme werden leicht gebeugt nach unten gehalten. Die Fingerspitzen berühren sich fast und Arme und Hände bilden die Form eines Ovals nach – sie sehen wie ein Ei aus.

Die erste Position

Die Arme werden leicht gehoben und bilden in der Höhe des Bauchnabels eine Rundung. Es sieht aus, als ob du einen großen Ballon hältst. Die Fingerspitzen berühren sich fast. Die Ellbogenspitzen dürfen nicht nach unten fallen, die Hand- innenflächen schauen zum Körper.

Die zweite Position

Die Arme werden von der ersten Position zur Seite ge- öffnet, sodass sie einen leichten Bogen von den Schul- tern bis zu den Fingerspitzen formen. Die Ellbogen sind etwas tiefer als die Schultern. Die Arme werden leicht vor dem Körper gehalten.

31

Die dritte Position

Der eine Arm befindet sich in der ersten Position vor dem Körper und der andere Arm in der zweiten Position auf der Seite. Die beiden unterschiedlich gehaltenen Arme bilden zusammen die dritte Position.

< Die vierte Position

Ein Arm ist seitlich geöffnet in der zweiten Position und der andere Arm wird leicht gebeugt über dem Kopf gehalten.

< Die fünfte Position
(nach Waganowa dritte Position)

Die Arme werden leicht gebeugt in einer ovalen Form (Ei) über dem Kopf gehalten, die Fingerspitzen berühren sich fast. Die Arme werden so weit angehoben, dass man mit geradeaus gerichtetem Blick die Hände noch sehen kann.

Die Hände

Die Hände sind das Ende des Arms und sollten stets elegant und geschmeidig geführt werden. Die Finger werden zusammengehalten, der Daumen bewegt sich nach innen und nähert sich sanft dem Mittelfinger. Der Zeigefinger und der kleine Finger sind etwas mehr gestreckt. Alle Finger bleiben locker, sonst sehen die Hände wie hässliche Krähenfüße aus.

Janina Ballerina

Stell dir vor du hältst in deiner Hand etwas sehr Zerbrechliches fest, zum Beispiel ein kleines Küken, das seinen Kopf zwischen deinem Daumen und deinem Zeigefinger herausstreckt.

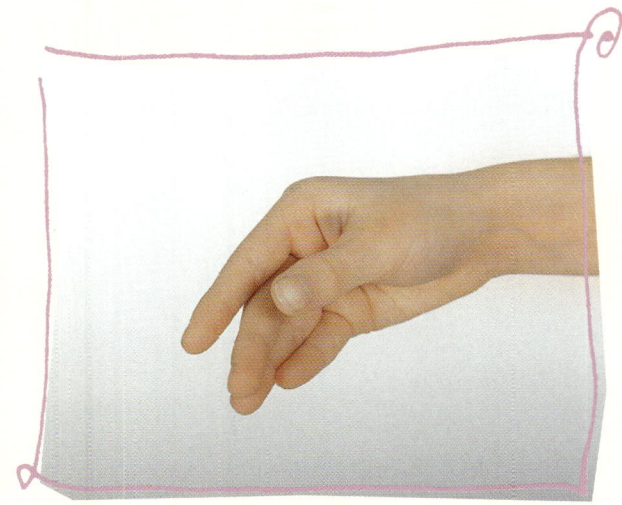

in einer Ballettschule lernt, die Armhaltung oder Armführung (Port de Bras) ist stets gleich und verleiht dem Balletttanz seinen Ausdruck und die große Eleganz.

Je nachdem in welcher Ballettschule man tanzt, lernt man eine unterschiedliche Zahl von Armpositionen. Die russische Ballettpädagogin Agrippina Waganowa ist zum Beispiel der Meinung, dass es nur drei Grundhaltungen gibt und die anderen Haltungen Übergänge (Durchlaufpositionen) von diesen sind. Deshalb existieren für sie nur die erste, zweite und dritte Position der Arme (ihre dritte Position ist also unsere fünfte Position). Egal welche Bezeichnung man

In der Mitte

Alle Kinder stellen sich in zwei Linien auf und achten darauf, dass Sie genügend Platz um sich herum haben. Zwei Kinder stehen in der ersten Linie und zwei Kinder, auf die Lücken verteilt, in der zweiten Linie. So hat jedes Kind genügend Platz seine Übung zu machen und kann die Ballettlehrerin gut sehen.

34 Arme und Beine

Tanja übt jetzt mit den Kindern die erste Position der Beine und gleichzeitig die vorbereitende Position der Arme. Über die erste Position werden die Arme in die dritte Position geführt. Die Mädchen müssen sich alle sehr konzentrieren, denn es ist

gar nicht so einfach eine bestimmte Beinposition mit einer Armposition zu verbinden.
»Bravo, gut gemacht«, lobt Tanja und ist sehr stolz, dass die kleinen Ballerinen diese Übung so schön gemacht haben. Es ist schwer den Rücken gerade zu halten und sich die verschiedenen Armpositionen zu merken.

Arme und halbe Spitze

Heute gibt es für die Kinder eine neue Aufgabe. Ihre Füße stehen eng zusammen und die Mädchen heben die Fersen vom Boden ab, sodass sie auf der halben Spitze stehen. Ohne Stange ist es ganz schön schwierig, das Gleichgewicht zu halten. Tanja hilft den Kindern: »Schaut auf einen festen Punkt im Ballettsaal, dann geht es etwas

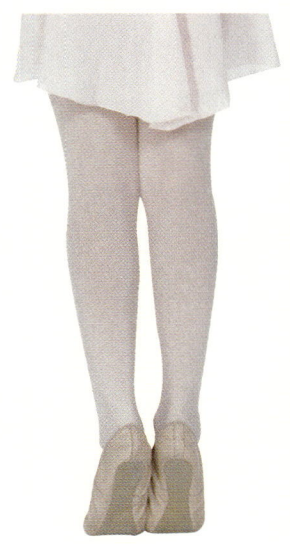

leichter. Versucht jetzt eure Arme in die erste Positon zu führen.« Kathalina sucht sich ein Bild an der Wand aus und schafft die halbe Spitze ohne zu wackeln. »Bravo, das habt ihr toll gemacht«, ruft Tanja und lacht.

Hüfte. Ganz ruhig auf einem Bein zu stehen, ist nicht leicht. Helena stellt fest: »Die Störche müssen einen sehr guten Gleichgewichtssinn haben.«

Balancieren auf einem Bein

Die nächste Übung ist eine Vorübung für alle Ballettpositionen, die auf einem Bein balanciert werden, die Kinder nennen sie Storchenübung. Sie heben ein Bein vom Boden ab und »kleben« die Fußspitze des angehobenen Beins seitlich am Knie fest. Die Hände befinden sich an der

Janina Ballerina

Ein Balletttänzer muss sehr viele Gleichgewichtsübungen machen. Seitdem ich Ballett mache, bin ich bei allem viel geschickter. Ich gebe zu, darauf bin ich mächtig stolz.

Kleine und große Sprünge

Die Kinder stehen in der ersten Position. Ihre Fersen küssen sich. Sie machen ein kleines *Plié* und springen dann vom Boden ab, als ob sie mit dem Kopf die Decke berühren wollten. Die Beine und Füße sind in der Luft gestreckt. Sie landen ganz weich und leise im *Demi Plié* und strecken erst dann wieder die Beine.

Man braucht sehr viel Kraft, um weit vom Boden abzuheben. Die Ballettmäuse üben diese Sprünge fast jede Woche, damit die Beine und

Es gibt im Ballett viele verschiedene Sprünge: die einen schnell und klein, die anderen hoch und weit. Die Sprünge sollen elegant aussehen und die Tänzer dabei leicht wie eine Feder wirken. Deshalb müssen sie jeden einzelnen Sprung immer wieder üben und verbessern. Auf diesen Teil der Stunde freuen sich die Kinder, denn Hüpfen und Springen machen einfach sehr viel Spaß.

Kleine Sprünge

Es geht los mit den kleinen Sprüngen. Auf Französisch heißt Sprung *Saut*. Die kleinen Sprünge werden deshalb auch als *Sautés* (gesprochen: sotees) bezeichnet.

Janina Ballerina

Alle Bewegungen der Tänzer sollten anmutig und leise sein. Um die Füße zu schonen und nicht zu verletzen, müssen die Sprünge weich abgefedert werden. Also pass schön auf, dass du nach jedem Sprung sanft wie eine Katze landest.

Großer Sprung

Als Nächstes ist ein großer Sprung an der Reihe. Tanja : »Wir nennen diesen Sprung ›Über den Bach‹. Seid vorsichtig, das Wasser ist sehr kalt und ihr müsst mit einem Sprung auf die andere Seite kommen. Versucht euren Sprungschritt so groß, wie möglich zu machen und dabei Beine und Füße zu strecken. Dieser Sprung ist eine Vorübung für das *Grand Jeté*.« Kathalina fängt an. Sie springt von einem Bein ab, versucht in der Luft die Beine zu strecken und landet auf dem anderen Bein. »Gut gemacht, Kathalina!«

Füße ganz stark werden. Sophie nennt diese Sprünge kleine Froschsprünge. Quak!

Springen von einem Bein

Jetzt heißt es mit einem Bein kräftig abspringen, das andere Bein liegt gebeugt am Knie an. Tanja stellt sich in die eine Ecke des Raums, die Kinder stellen sich in die andere. Je zwei springen auf Tanja zu. Sie erklärt den Ballettmäusen: »Schaut mir in die Augen, damit euer Kopf schön gerade bleibt und versucht nicht weit, sondern hoch zu springen.« Wenn eine Elefantenherde durch den Ballettsaal gesprungen ist, wissen die Kinder, dass sie zu sehr getrampelt haben und ihre Sprünge nicht leise abgefedert haben.

Wir üben für eine Vorstellung

Einmal im Jahr macht die Ballettschule auf einer Bühne mit allen Ballettkindern eine große Aufführung. Das diesjährige Thema der Vorstellung heißt »Willkommen im Wunderland«. Es gibt rosarote Zaubermäuse, Elfen mit einem Zauberstab, Füchse, Zauberer und vieles mehr. Die Ballettkinder diese Gruppe werden als kleine Elfen über die Bühne schweben und haben deshalb vor einigen Monaten mit den Proben für einen Elfentanz begonnen.

Tanja sagt aufgeregt: »Heute probieren wir die Kostüme an.« »Juhu!!« Darauf haben sich die Kinder schon so lange gefreut und jetzt ist es endlich so weit. Auf dem Kopf befestigen sich die Elfen gegenseitig ein kleines Krönchen. Das sieht sehr hübsch aus, wie bei einer echten Ballerina.

Tanja befestigt am Ballettanzug von Helena zwei Flügelchen.

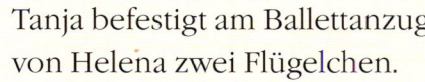

Sie landen auf ihrem Elfenplatz und beginnen zu tanzen. Sie müssen sich sehr konzentrieren, dass sie die Bewegungen, die Tanja ihnen beigebracht hat, schön sauber ausführen.

∧

Die Elfen schlafen am Ende des Tanzes ein, die Musik wird leise. Sie haben es geschafft!

Tanja erklärt einige Dinge, die sie mit den kleinen Tänzerinnen bei der nächsten Probe verbessern will. Sie haben noch ein paar Wochen Zeit, aber bis dahin muss alles gut klappen.

Janina Ballerina

So eine Vorstellung macht riesig Spaß, weil alle Kinder der Ballettschule mitmachen. Bei den Aufführungen gibt es tolle Figuren mit schönen Kostümen. Ich bin immer ein bisschen aufgeregt, aber wenn am Schluss alle Beifall klatschen, bin ich ganz glücklich.

∧

»Wer kommt denn zu unserer Vorstellung?«, fragt Tanja. Laura beginnt aufzuzählen: »Meine Mama, mein Papa, meine Oma und meine kleine Schwester Lilly.«

Eine Bewegungsgeschichte

Am Ende der Ballettstunde hat Tanja eine besondere Überraschung für alle: Sie erzählt eine spannende Geschichte, die alle Ballettkinder zur einer bestimmten Musik mit Tanzbewegungen und Pantomime – OHNE WORTE – selbst nachspielen. Die heutige Geschichte ist eine Reise ins Ballettland:

< Es ist der Schwanensee. Wir sehen viele schneeweiße Schwäne, die elegant und majestätisch mit ihren langen Hälsen den See durchqueren.

^

Wir wandern im dunklen Wald durch das Unterholz und sehen plötzlich auf einer Lichtung einen wunderschönen See.

Wir steigen vorsichtig in ein kleines wackliges Ruderboot und rudern an das andere Ufer des Sees. Auf einem engen steilen Pfad schlängeln wir uns zur Konfitürenburg. Wir öffnen die große Lebkuchentüre, treten in den Himbeerhof ein und naschen von der leckeren Himbeermarmelade. >

Wir rutschen auf dem Bauch die Schokoladen-rutsche hinunter und landen im Zuckersaal. Hier gibt es unendlich viele Spiegel die ganz aus Zucker gemacht sind. Jeder Spiegel in den wir bli-cken wirft uns den Ausdruck eines bestimmten Gefühls zu. Im ersten Spiegel sehen wir verärgert aus, im zweiten ängstlich, im dritten traurig und im vierten fröhlich.

Der Duft von Zuckerwatte lockt uns in den Garten. Zwischen den Zuckerwattesträuchern entdecken wir einen Vogel beim Naschen. Er lädt uns auf einen Ausflug ein. Auf seinem Rücken fliegen wir zur Hochzeit von Dornröschen. Auf dem Schloss findet ein prunkvolles Fest statt. Die Musik beginnt zu spielen und wir tanzen schleichend mit dem gestiefelten Kater.

Mit dem blauen Vogel fliegen wir durch den Saal. Für den Däumling und seine Brüder machen wir uns ganz klein und haben riesig Spaß am Zwergentanz. Müde und erschöpft fallen wir in einen tiefen Schlaf.

Die Tanzstunde
ist zu Ende

»Wir sind fertig für heute, aber ich habe euch noch eine kleine Überraschung versprochen«, sagt Tanja und geht zu ihrer Balletttasche. Aus der Tasche kramt sie ein Paar rosafarbene, glänzende Spitzenschuhe. Alle drängen sich um die kleinen berühmten Schuhe. Jeder möchte einen Blick auf die Spitzenschuhe werfen und wissen, warum man darin so grandios auf der Spitze tanzen kann.

43

Die Spitzenschuhe

Wenn man viele Jahre regelmäßig getanzt hat und die Füße und Beine durch das Balletttraining viel Kraft bekommen haben, kann man mit dem Spitzentanz beginnen. Die Ballettlehrerin entscheidet, wann man mit dem Training mit Spitzenschuhen beginnen kann. Es fängt damit an, dass man am Ende der Tanzstunde an der Stange mit Spitzenschuhen trainiert. Dann dauert es einige Jahre bis man endlich frei im Raum auf Spitzenschuhen tanzen kann.

Warum tanzen Ballerinen auf Spitzenschuhen? Eines Tages entdeckte man, dass es sehr elegant und graziös aussieht wenn eine Ballerina auf der

Janina Ballerina

Ich hätte wirklich große Lust die Spitzenschuhe auszuprobieren. Meine Ballettlehrerin hat aber gesagt, ich muss noch viele Bein- und Fußübungen machen, damit ich genügend Kraft habe, auf der Spitze zu stehen. Wenn man zu früh auf der Spitze tanzt, kann man schmerzhafte Verletzungen bekommen. Also liebe Ballerinen, habt etwas Geduld.

Spitze tanzt. Deshalb wurde der Spitzentanz immer beliebter und immer öfter gezeigt. Für eine Ballettaufführung hat jede Tänzerin ihre eigenen Spitzenschuhe. Sie müssen perfekt passen, denn sonst rutscht die Tänzerin aus dem Schuh oder knickt um. Die harte Spitze des Schuhs besteht aus mehreren Schichten Sackleinen und Leim und ist mit Satin bezogen. Die Sohle ist aus festem Leder, das Futter aus Leinen. Die Schuhe gehen durch das viele Tanzen und Drehen schnell kaputt, deshalb verbraucht eine Tänzerin am Theater zwischen 10 und 15 Paar Spitzenschuhe im Monat. Viele Tänzerinnen bewahren ihre allerersten Spitzenschuhe, zur Erinnerung, wie einen Schatz auf. Sie sind etwas ganz Besonderes.

Tanja zieht die Spitzenschuhe an und zeigt den Kindern wie sie gebunden werden. Alle schauen gespannt zu: Die Schuhbänder werden von der Tänzerin selbst festgenäht. Sie sind etwa 50 cm lang und 2,5 cm breit.

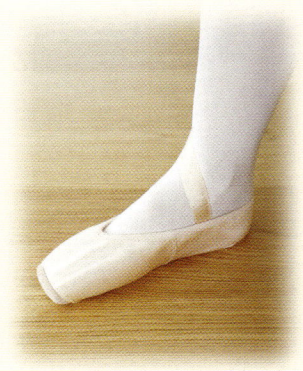

Der Fuß steht flach auf dem Boden. Das Innenband wird über den Fuß gelegt.

Das Band wird einmal um die Fessel gelegt und hinten am Bein festgehalten.

Das Außenband wird ebenfalls über den Fuß und das Innenband gekreuzt und um die Fessel gelegt.

< An der Innenseite des Knöchels wird ein doppelter, fester Knoten gemacht.

Die Bänder stützen beim Tanzen die Fußgelenke und halten den Schuh am Fuß fest.

Auf Wiedersehen

Am Schluss der Stunde verabschieden sich alle von Tanja mit einem kleinen Knicks.
Die Kinder haben wieder viel gelernt. Auch wenn es manchmal anstrengend ist und man sich konzentrieren muss, macht es doch sehr viel Spaß.

< Die Enden der Bänder werden unter dem Knoten versteckt, damit es ordentlich und schön aussieht.

45

Die Kleinsten kommen

Die Tänzerinnen verlassen den Ballettsaal. An der Türe stehen schon die Kinder der nächsten Ballettgruppe. Sie sind die jüngsten Ballerinen der Ballettschule. Stefanies Schwester Jennifer hat vor einigen Monaten mit Ballett begonnen und läuft zu ihrer großen Schwester.

Stefanie hilft ihrer Schwester das Haarband zu befestigen. Und da stürmen auch schon die anderen Kinder in den Ballettsaal. Larissa, Clara und Jessica, die heute ihre Probestunde hat, warten gespannt darauf, was sie noch alles machen werden.

Aufwärmen

Heute machen die Mini-Ballerinen zum Aufwärmen für die Ballettübungen ein Fangspiel. Sie spielen »Verzaubern in eine Balletttänzerin«. Tanja legt einen Fänger fest. Heute ist es Clara, die als Erste fangen darf. Alle Kinder laufen durch den Raum. Wenn ein Kind von Claras Zauberstab berührt wird, verwandelt es sich in eine Balletttänzerin. Ups, Jessica ist gefangen und verzaubert. Sie bleibt ganz ruhig auf einem Bein stehen. Aber da kommt Tanja, befreit Jessica von ihrem Zauber und sie darf wieder weiterlaufen. Jennifer meldet sich und möchte als Nächstes fangen. Alle haben sehr viel Spaß.

Luftballonübung

Die Lieblingsübung der Kleinen heißt »Der Luftballon«. Die Kinder sitzen in einem Kreis und machen sich ganz klein, die Zehenspitzen berühren den Boden. Jedes Kind ist ein Luftballon ohne Luft. Sie beginnen langsam den Luftballon aufzublasen. Er wird immer praller und größer. Sie fliegen durch die Luft und irgendwann geht die Luft aus und die Kinder werden wieder kleiner. Dann wird der Luftballon von neuem aufgeblasen.

Die rosa Mäuse

Die Minis machen natürlich auch bei der Aufführung mit. Es ist ihr erster großer Auftritt auf einer Bühne. Sie üben seit einigen Wochen einen Mäusetanz und dürfen genauso wie die »großen Ballerinen« die Kostüme probieren. Tanja bringt rosa Mäuseohren und rosa Mäuseschwänze. Sie sagt:

»Clara, du bist die Erste.« Sie befestigt den Mäuseschwanz an Claras Anzug. Das sieht wirklich lustig aus.
Tanja hat Schminke mitgebracht und malt eine Mausnase und kleine Härchen auf das Gesicht von Jessica.

48

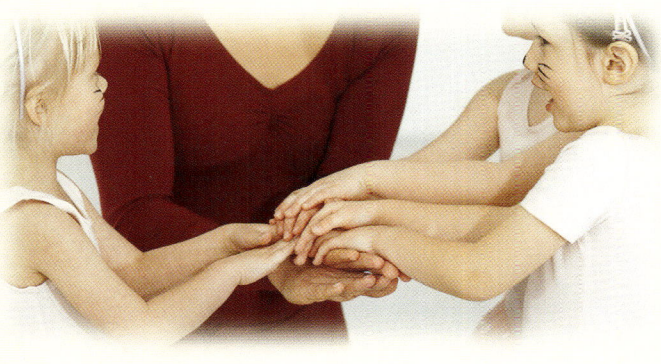

Janina Ballerina

Im Theater schminken sich die Tänzer meistens selbst. Sie haben eine spezielle Theaterschminke, die gut hält, denn sie darf beim Schwitzen nicht verwischen. Die Schminke wird sehr stark aufgetragen, damit man sie trotz der hellen Scheinwerfer und der großen Entfernung vom Publikum sehen kann.

Die kleinen Mäuse verabschieden sich von Tanja und legen alle Hände aufeinander. Sie rufen ganz laut: »Ballett ist schön!! Ballett ist schön!! Auf Wiedersehen!!«

Jessica hat ihre erste Ballettstunde sehr gut gefallen. Sie möchte das nächste Mal unbedingt wieder kommen.

49

Die Mäuse beginnen zu üben. Jessica fühlt sich ganz toll als Maus und tanzt schon fleißig mit.

Ballett –
Ausdruck
ohne Worte

Geschichten

Du wirst dich fragen, warum du so fleißig und ausdauernd üben musst: Ballett ist Körperbeherrschung, also Übungssache, es sieht unglaublich elegant aus und macht richtig Spaß – wenn man wirklich gut tanzen kann. Und bist du ganz, ganz besonders begabt, dann wirst du vielleicht eine große Tänzerin oder ein großer Tänzer und kannst es schaffen in einem berühmten Ballett auf einer bekannten Bühne zu tanzen. Aber was ist ein berühmtes Ballett, was bedeutet Ballett, die klassische Form des Tanzens?

Viele der alten und bekannten Ballette sind Handlungsballette – sie erzählen Geschichten oder Märchen, die du vielleicht auch aus Büchern oder Erzählungen kennst. Dornröschen und Schwanensee sind solche Handlungsballette. Die Geschichte wird in mehreren aufeinander folgenden Spielszenen erzählt. Die Spielszenen werden von unterschiedlich vielen Tänzern dargestellt.

Es gibt: Die »Solisten« – Sie sind natürlich die besten Tänzer, die auch die wichtigsten Rollen tanzen und in den bedeutenden »Soli« (nur ein Tänzer tanzt) ihre tollen Künste und ihre Technik vorführen.

Den »Pas de Deux« – Dort tanzt ein Paar. Er wird auch Duett (Zwei) genannt. Meistens tanzen ein Mann und eine Frau zusammen.

Das »Corps de Ballet« – Das ist die Ballettgruppe, also mehrere Tänzer, die zusammen mit den Solisten tanzen oder nur als eine Gruppe.

Wie du jetzt weißt, erzählen die Handlungsballette eine Geschichte oder ein Märchen. Du denkst sicher, wie kann man eine Geschichte erzählen, ohne dabei zu sprechen – nur durch Tanzen. Die Tänzer erzählen mit ihrem Gesichtsausdruck und ihrem Körper: Sie ziehen ihre Mundwinkel nach oben und strecken die Arme, so zeigen sie Lachen und Freude. Im Gegensatz dazu stehen fallende Mundwinkel, anliegende Arme und gesenkte Schultern für Trauer oder Enttäuschung. Du wirst staunen, was man ohne Worte alles ausdrücken kann, nur durch den Gesichtsausdruck und die Körperhaltung. Am besten stellst du dich einmal vor einen Spiegel und probierst es ganz einfach aus: Wie würdest du Angst, Freude, Kummer, Glück oder andere Ge-

fühle ausdrücken? Wenn du dir selbst glaubhaft erscheinst, dann beherrscht du schon die Pantomime – so nennt man das, wenn man nur mit dem Gesichtsausdruck und der Körperhaltung schauspielert.

Für die Balletttänzer ist das nicht genug, mit ihrem Tanz geben sie ihrer Pantomime noch mehr Ausdruck, Gefühl und Dramatik. So sind kleine tippelnde Schritte ein Zeichen von Ängstlichkeit und Unsicherheit, große Sprünge drücken Freude oder Stärke aus. Zu den schönen Bildern auf der Bühne hört man die passende Musik. Dadurch werden die Eindrücke noch einmal verstärkt. Stell dir selbst vor, du bist eine kleine ängstliche Maus und gehst in kleinen, tippelnden Schrittchen vorsichtig und im Zickzack über die Bühne. Als großer, starker Löwe hingegen, marschierst du mit weiten Schritten und erhobenem Haupt schnurstracks, voller Stolz über die Bühne.

Jetzt kannst du einer Ballettgeschichte folgen und verstehst, was die einzelnen Figuren erzählen wollen. Manchmal wird die Handlung unterbrochen und es wird ein *Divertissement* (das französische Wort für Unterbrechung) eingefügt. Das sind Tanzeinlagen, die einfach um des Tanzes willen gezeigt werden und dem Ballett – insbesondere den Solotänzern – die Möglichkeit geben ihre perfekte Tanztechnik, mit riesigen Sprüngen oder schnellen Drehungen zu zeigen. Die Hochzeitstänze im 3. Akt von Dornröschen sind zum Beispiel *Divertissements*.

Gefühle

Wie können Gefühle im Ballett ausgedrückt werden? An einigen Beispielen kannst du erkennen, wie schnell und einfach man die Gefühle der Tänzer erkennt:

Angst

Pantomime: Der Blick ist ängstlich und Hilfe suchend. Der Kopf ist geduckt, die Arme sind verschlossen und werden vor dem Körper gehalten, ein Häufchen Elend steht auf der Bühne.

Tanz: Die Schritte sind klein, tippelnd und vorsichtig, wie bei einer kleinen Maus.

Musik: Die Musik ist Furcht einflößend und hört sich an wie Blitz und Donner.

Freude

Pantomime: Der Tänzer hat ein Lächeln auf den Lippen, die Augen sind weit geöffnet. Die Arme und Beine sind weit ausgebreitet, wie bei einem lustigen Kobold.

Tanz: Die Schritte sind klein, schnell und geradlinig, wie bei einem flinken Wiesel.

Musik: Die Musik ist melodisch, fließend und hört sich an wie ein reißender Fluss.

Kummer

Pantomime: Der Blick ist gegen den Himmel gerichtet. Die Schultern sind hochgezogen und die Arme verschränkt, wie bei einem armen kleinen Würstchen.

Tanz: Die Schritte sind ganz klein und langsam, wie bei einem traurigen Lämmchen.

Musik: Die Musik ist langsam und schwer und hört sich an wie Tränen die über die Wangen rollen.

Glück

Pantomime: Der Blick ist lachend und strahlend. Die Haltung ist offen und die Arme sind auf das Herz gerichtet. Die Tänzer sehen aus wie riesige Glückspilze.

Tanz: Die Schritte sind groß, mit Sprüngen, wie bei einem jungen Reh.

Musik: Die Musik ist bewegend und mitreißend und hört sich an wie ein Wirbelwind.

Stimmungen

Es gibt auch Ballette die keine richtige Handlung haben, sondern ein Thema – oder besser gesagt nur etwas Bestimmtes ausdrücken wollen, wie Freude oder Romantik. Deshalb nennt man sie auch Stimmungsballette. Die Musik, das Bühnenbild, die Kostüme, die Beleuchtung und der Tanz sind alle zusammen auf diese Stimmung ausgerichtet. Les Sylphides ist ein Stimmungsballett, nach der Musik des berühmten Komponisten Frédéric Chopin. Es soll eine romantische Stimmung wiedergegeben werden, also spielt es an einer Schlossruine mit romantischem Mondlicht. Die Musik ist fließend und weich, die Kostüme wunderschön, mit warmen Farben, und es wird lieblich und weich getanzt – alles romantisch. Eine Handlung? Die gibt es nicht, eben nur Romantik pur!

Drei berühmte Ballette

Der Nussknacker

Musik: Pjotr Tschaikowski
Choreografie: Lew Iwanow

Die Geschichte:

Familie Silberhaus feiert Weihnachten. Zu dem Fest erscheinen viele Gäste, unter anderem auch der Pate der beiden Kinder Klara und Fritz. Es ist Herr Drosselmeyer, der als Geschenke für Fritz eine Uniform und für Klara einen Nussknacker mitbringt. Mitten in der Nacht schleicht sich Klara heimlich zu ihrem Nussknacker. Plötzlich erscheint zum Mitternachtsschlag Drosselmeyer und alle Geschenke werden riesig groß und lebendig. Als der Nussknacker mit dem bösen Mäusekönig kämpft kommt ihm Klara zu Hilfe und da verwandelt sich der Nussknacker in einen Prinzen. Der Prinz nimmt Klara mit auf eine magische Reise in das Reich der Schneekönigin und anschließend in das Reich der Süßigkeiten. Auf der Konfitürenburg dankt die Zuckerfee der kleinen Klara für die Rettung des Prinzen und zeigt ihr zur Unterhaltung einige wunder-

Janina Ballerina

Eine Reise in das Land der Süßigkeiten! Wer würde das nicht gerne erleben. Klara ist ein echter Glückspilz, für den Schokolade & Co. tanzen. Das sind die Divertissements im Nussknacker. Mit meiner Mama gehe ich an Weihnachten immer auf eine Reise ins Land der Süßigkeiten: Wir gehen ins Ballett und sehen uns den Nussknacker an.

schöne Tänze: den Tanz der Schokolade, den Tanz von Kaffee und Tee, den russischen Tanz und zuletzt den Blumenwalzer. Plötzlich wacht Klara wieder in ihrem Bett auf und fragt sich ob alles nur ein Traum war.

Dornröschen

Musik: Pjotr Tschaikowski
Choreografie: Marius Petipa

Die Geschichte:

Am Tag der Taufe von Prinzessin Aurora bringen die sechs guten Feen ihre Geschenke vorbei. Bevor die Fliederfee ihr Geschenk überreichen kann unterbricht die böse Fee Carabosse voller Zorn, weil sie nicht auf die Taufe eingeladen wurde, die Zeremonie und belegt Prinzessin Aurora mit einem Fluch: Sobald sich Aurora in den Finger sticht, fällt sie in einen immer währendden Tiefschlaf. Am 20. Geburtstag der Prinzessin soll diese zu einem großen Fest ihren Prinzen auswählen. Carabosse schleicht sich als Bäuerin verkleidet in das Schloss und gibt Aurora eine Spindel in die Hand. Aurora sticht sich in den Finger und fällt mit der gesamten Hofgesellschaft in einen 100-jährigen Schlaf.

Prinz Désiré befindet sich auf einer Jagd, als die Fliederfee ihm ein Spiegelbild der schönen Prinzessin Aurora vor Augen hält. Sofort verliebt er sich und bittet die Fee ihn zum Schloss seiner zukünftigen Frau zu führen. Am Königsschloss angekommen betrachtet der Prinz voll Verwunderung die schlafende Hofgesellschaft. Er küsst die Prinzessin und alle erwachen aus dem Tiefschlaf. Sofort bittet Prinz Désiré den König um Auroras Hand. Aurora und Désiré feiern Hochzeit. Zu dieser Feier ziehen die Feen mit vielen

bekannten Märchenfiguren ein: dem gestiefelten Kater und der weißen Katze, dem Blauen Vogel und Prinzessin Florina, Rotkäppchen und dem Wolf, Aschenbrödel und Prinz Fortuné und mit dem Däumling mit seinen Brüdern. Sie alle tanzen zu Ehren des Brautpaares. Und wenn sie nicht gestorben sind, leben Sie noch heute.

Janina Ballerina

Dornröschen ist ein ganz berühmtes klassisches Ballett. Dornröschen ist auch eines der aufwändigsten Ballette: Die vielen, vielen Mitwirkenden mit ihren wunderschönen, prächtigen Kostümen haben mir ganz besonders gut gefallen. Das Divertissement, also die Tanzeinlagen, die nicht unbedingt zur Handlung gehören, sind bei Dornröschen die Tänze, die auf der Hochzeit vorgeführt werden. Es hat Spaß gemacht, die Märchenfiguren zu erraten. Gerne würde ich so tanzen können, wie Aurora in ihrem Pas de deux (Paartanz) mit dem Prinzen. Ganz klar, Dornröschen ist mein Lieblingsballett.

57

Schwanensee

Musik: Pjotr Tschaikowski
Choreografie: Marius Petipa und Lew Iwanow

Die Geschichte:

Prinz Siegfried feiert den Geburtstag, an dem er volljährig wird, und seine Mutter fordert ihn auf bald zu heiraten. Mit seinen Freunden geht Siegfried in den Wald zum Jagen und entdeckt mehrere Schwäne auf einem See. Angeführt werden die kleinen und großen Schwäne von einem weißen Schwan mit einer Krone auf dem Haupt. Als der Prinz auf den Schwan zielt, verwandelt sich der edle Schwan im Mondlicht in ein schönes Mädchen. Es ist die Prinzessin Odette, die vor den Prinzen tritt und ihm erklärt, dass sie und ihre Gefährtinnen durch einen bösen Zauber des Zauberers Rotbart am Tage zu Schwänen verwandelt werden. Nur wahre Liebe kann diesen bösen Zauber brechen. Von ihrer Schönheit und Lieblichkeit ebenfalls »verzaubert«, schwört Siegfried Odette zu lieben und dieses Versprechen nie zu brechen.

Die Königin gibt einen großen Ball für Siegfried, auf dem er seine Braut auswählen soll. Aber Siegfried gefällt natürlich keine der Prinzessinnen, bis der böse Zauberer Rotbart mit seiner Tochter Odile erscheint. Prinz Siegfried verwechselt die böse Odile mit seiner geliebten Odette und schwört dieser ewige Liebe. Da erscheint Prinzessin Odette am Fenster und sieht, wie der Prinz

den Treueschwur bricht. Jetzt verlässt Rotbart triumphierend den Saal und Siegfried bemerkt zu spät die böse List. Er eilt zum See, auf dem die Schwäne traurig vorbeiziehen. Siegfried bittet Odette ihm zu verzeihen, was die Prinzessin auch tut. Aber trotzdem bleibt Odette ein Schwan. Voller Verzweiflung stürzen sich Odette und Siegfried in den See. Dieser Beweis ihrer Liebe bricht den bösen Zauber Rotbarts.

Janina Ballerina

Der Schwan ist ein Wesen mit majestätischer Ausstrahlung, voller Stolz und Würde. Und in vielen Sagen kommt auch immer wieder der Schwan als ein Wesen vor, das sich verwandeln kann. Für mich sehen alle Ballerinen in ihren »Tutus« wie schöne weiße Schwäne aus, die sich auf der Bühne in Wesen voller Würde und Grazie verwandeln.

58

Ein Ballettabend in der Oper

Die Oper

Endlich ist es soweit! Wir gehen heute mit unserer Ballettlehrerin Tanja in die Oper und sehen uns das berühmte Ballett Dornröschen an. Die Choreographie, also die verschiedenen Tanzschritte und Aufstellungen der Tänzer, hat 1890 Marius Petipa zur Musik von Pjotr Iljitsch Tschaikowski gemacht.

Unsere Eltern bringen uns zur Oper. Auf einer sehr großen breiten Treppe steigen wir viele Stufen in Richtung Eingang hinauf. Zwischen riesigen Säulen sind die großen Eingangstüren zur Oper.

Selina ruft: »Schaut mal, da hinten wartet schon Tanja auf uns.« Tanja kommt uns entgegen: »Hallo Mädchen, schön, dass ihr da seid.«

Tanja hat schon die Eintrittskarten für uns gekauft und gibt jedem von uns eine Karte. Auf den Karten steht genau, wo wir sitzen: Balkon rechts, Reihe 4, Sitz 34.

Wir gehen mit unserer Ballettlehrerin zum Eingang. Hier steht ein Mann mit einer blauen Uniform und sagt: »Die Eintrittskarten bitte!« Wir geben ihm die Karten und dürfen durch die große Tür in die riesige Eingangshalle treten.

Wir bleiben staunend stehen und bewundern den schönen Eingangsbereich. Stefanie blickt sich um und jubelt: »Das sieht hier ja aus wie in einem Schloss.« An der Decke hängt ein riesiger Kronleuchter.

Tanja nimmt uns zur Seite und ermahnt: »Bleibt alle schön zusammen, die Oper ist sehr groß, man kann sich leicht verlaufen.« Wir folgen Tanja viele Treppenstufen nach oben. Hier steht eine Dame und fragt: »Möchtet ihr vielleicht ein Programmheft von Dornröschen?« »Ja, gerne«, rufen wir alle zusammen.
Im Programmheft stehen Informationen über Dornröschen und die einzelnen Tänzer werden mit einem kleinen Bild vorgestellt.

Tanja erklärt uns alles und sagt nach einem Läuten: »Kommt, es hat schon einmal geklingelt, das bedeutet, die Zuschauer sollen ihre Plätze einnehmen.« Wir folgen Tanja durch die Tür auf den Zuschauerbalkon.

Der Zuschauerraum

Wir haben unsere Plätze auf dem Balkon im 1. Stock, über den Sitzplätzen im Parkett. Wir setzen uns auf unsere Stühle, die mit rotem Samt bezogen sind, und staunen.
Viele Leute unterhalten sich leise. Wir werfen einen Blick über den Balkon nach unten und sehen unzählige Köpfe im Parkett. Unser Blick wandert nach oben und wir zählen eins, zwei, drei, vier Balkone übereinander.

Hier sitzen Besucher in drei bis vier Reihen, genauso wie auf unserem Balkon. In der Mitte des Zuschauerraums hängt auch ein wunderschöner Kronleuchter. Sein Licht hat einen warmen goldenen Ton und die Glastropfen an diesem Leuchter glitzern in vielen Farben.
Chiara sagt ganz leise: »Ich habe noch nie einen so großen Kronleuchter gesehen.«

Die Bühne und der Orchestergraben

Veronica hat etwas entdeckt: »Seht mal da!« Vor der ersten Zuschauerreihe sitzen viele schwarz gekleidete Musiker mit den unterschiedlichsten Instrumenten. Wir sehen ein Klavier, mehrere Geigen, Kontrabässe, Trompeten, Posaunen, Klarinetten, Trommeln und eine riesige Pauke. Selbst eine Harfe ist dabei.

Alle Musiker sind beschäftigt ihre Noten zu ordnen und ihr Instrument zu stimmen. Gut, dass wir auf dem Balkon sitzen, so können wir den Orchestergraben genau beobachten.

Hinter dem Orchester sehen wir einen großen roten Samtvorhang. Dahinter versteckt sich die Opernbühne.

Vorhang auf

Plötzlich wird das Licht etwas dunkler. Die Eingangstüren werden geschlossen, die Zuschauer sind ganz still. Tanja erklärt: »Jetzt geht es los. Seid schön leise, damit das Orchester und die Tänzer nicht gestört werden.«

Es ist absolut still im Zuschauerraum. Der Dirigent betritt den Orchestergraben, nimmt seinen Dirigentenstab und stellt sich auf ein kleines Podest. Das Orchester beginnt zu spielen.

Plötzlich hebt sich der große schwere Vorhang und wir sehen viele Tänzerinnen und Tänzer in wunderschönen Kostümen über die Bühne tanzen. Sie erzählen durch Bewegungen, Tanz und Pantomime die Geschichte von Dornröschen.

Janina Ballerina

Bevor der Vorhang aufgeht, spielt das Orchester meist eine musikalische Einstimmung. Diese Einstimmung auf das Ballett nennt man Ouvertüre. Also keine Angst, die Tänzer kommen bestimmt.

Der rote Vorhang fällt und Selina sagt ganz traurig: »Oh, schade.« Tanja lacht: »Die Vorstellung ist noch nicht zu Ende, es gibt jetzt eine kleine Pause. Wir gehen in den Vorraum.«

Nach einiger Zeit läutet es wieder und wir gehen zurück in den Zuschauerraum. Der 2. Teil der Vorstellung beginnt.

Applaus

Der rote Vorhang fällt nun endgültig und die Zuschauer beginnen laut zu klatschen. Einige rufen: »Bravo!« Wir stehen auf und klatschen so laut wir können. Der Vorhang geht noch einmal auf und es stehen alle Tänzer, die heute getanzt haben, graziös und in einer schönen Aufstellung auf der Bühne. Sie treten einzeln oder zu zweit nach vorne und verbeugen sich. Auch der Dirigent kommt auf die Bühne und verbeugt sich vor den vielen Menschen. Die Zuschauer jubeln. Oh, war das schön!!

Schwierige Wörter – leicht verständlich

Janina Ballerina erklärt euch die wichtigsten Begriffe aus dem Ballett. Da es das Ballett schon sehr lange gibt und es in Frankreich seine Wurzeln hat, stammen viele der Fachbegriffe aus dem Französischen. Ein paar Wörter kommen auch aus dem Italienischen und sogar Griechisch müsste man können, um wirklich jeden Ausdruck zu verstehen.

Liebe Ballettmäuse, am Anfang hatte ich Schwierigkeiten, mir alle Wörter zu merken und vor allem ihre Bedeutung zu wissen – besonders die Fremdwörter. Jetzt kenne ich die meisten Begriffe und mag vor allem die italienischen und französischen. Schließlich klingt Ballerina viel besser als Tänzerin – oder? Na, dann will ich mal versuchen, euch das Wichtigste zu erklären:

Adagio

ist ein italienisches Wort und bedeutet übersetzt: *gemächlich, bequem*. Beim Tanzen heißt das, eine Tanzfolge wird *langsam* ausgeführt. In der Ballettstunde kommt das Adagio nach dem Aufwärmen und dient der Verbesserung der Balance und auch einer sauberen Haltung.

Allegro

kommt ebenfalls aus dem Italienischen und ist das Gegenteil von Adagio: *bewegt, lebendig*. In der klassischen Ballettstunde folgt das Allegro auf das Adagio. Die Tänzer üben dann Drehungen, Sprünge und schnelle Schrittfolgen.

Arabesque

stammt aus dem Französischen und bedeutet: *Ornament*. Die Arabesque bezeichnet eine *Grundhaltung* im klassischen Ballett. Das Standbein ist gestreckt, das Spielbein wird weit nach hinten geführt – mindestens bis parallel zum Boden oder noch höher.

Ballerina

ist italienisch und bedeutet ganz einfach: *Tänzerin*. Als Ballerina wird die *Solotänzerin* einer Ballettgruppe (Kompanie) bezeichnet. Dann gibt es noch die *Primaballerina*. Sie ist die beste Tänzerin.

Ballerino

ist die Bezeichnung für den *Tänzer*. Auch wenn dieser Ausdruck seltener benutzt wird, steht er für den männlichen klassischen Tänzer.

Ballett

ist in unserer Sprache bekannt, kommt aber von dem italienischen Wort *ballare* und heißt übersetzt: *tanzen*.

Ballettdirektor

Das ist der *Chef* der Ballettkompanie.

Ballettmeister

Er leitet das Training und sucht die passenden Tänzer. Er kümmert sich um die Proben und sorgt dafür, dass die Einstudierung bühnentauglich wird. Im übertragenen Sinn kann man sagen: Er ist der *Cheftrainer*.

Barre

ist wieder französisch und heißt übersetzt: *Stange*. Diese Stange ist im Ballettsaal fest an der Wand angebracht. Die Tänzer können bei den Übungen eine oder beide Hände auf die Stange legen, um das Gleichgewicht besser zu halten.

Choreographie

kommt ausnahmsweise aus dem Griechischen und heißt: *Tanzschrift*. Eine Choreographie ist die Zusammensetzung verschiedener Tanzschritte, die zum Schluss ein ganzes Ballett ergeben.

Dégagé

kommt aus dem Französischen und bedeutet übersetzt: *frei, ungezwungen*. Im Ballett bedeutet es die *Gewichtsverlagerung* von einem Bein auf das andere Bein.

Demi

ist französisch und heißt: *halb*. Im Tanzen bedeutet es, dass eine Bewegung nur im Ansatz ausgeführt wird, also nur halb, z.B. ist ein *Demi Plié* nur ein halbes (angedeutetes) Beugen. (s.a. Plié)

Ensemble

ist französisch und heißt übersetzt: das *Ganze, die Gesamtheit*. Gemeint ist damit die gesamte Gruppe der Tänzer.

Exercice

kommt aus dem Französischen und heißt: *Übung*. Im Ballett ist es das tägliche Tanztraining, z.B. die Übungen an der Stange.

Auch die kleinen Ballerinen üben nicht, sondern machen ein Exercice!

Grand Jeté

ist ein großer *Schrittsprung*. Das vordere Bein wird herausgeschleudert, sodass der Tänzer einen Spagat in der Luft macht.

Pantomime

stammt von dem griechischen Wort *pantomimos*. Übersetzt heißt es so viel wie: *alles nachahmen*. Man drückt mit Gesten und Bewegungen – ohne Worte – eine Stimmung oder ein Gefühl aus und erzählt so eine Geschichte.

Pas de deux

ist im Ballett ein *Tanz zu zweit*. Meistens tanzen eine Ballerina und ein Ballerino zusammen. Am Beginn steht in der Regel ein Adagio. Es folgen Tanzschritte des Ballerino und Tanzschritte der Ballerina.

Plié

kommt von dem französischen Wort *plier* und heißt übersetzt: *beugen*. Plié im Ballett bedeutet das Beugen beider oder eines Beins. Jedes Balletttraining beginnt mit meh-

reren Pliés, um die Muskeln aufzuwärmen und sich auf die weiteren Übungen vorzubereiten. Es gibt das *Demi Plié* (halbes oder kleines Plié) und das *Grand Plié* (großes Plié).

Port de bras

kommt ebenfalls aus dem Französischen und heißt übersetzt: *Haltung des Arms*. Es gibt verschiedene Armbewegungen im Ballett, so wie es verschiedene Fußpositionen gibt.

Révérence

ist die *Verbeugung* der Tänzer am Ende der Vorstellung, aber auch am Ende des Balletttrainings.

Solo

ist ein Tanz für *eine* Tänzerin oder *einen* Tänzer. Das Solo dürfen nur die besonders guten Tänzerinnen und Tänzer aufführen.

Spitzentanz

ist eine Tanztechnik, die auf der äußersten Spitze des Ballettschuhs getanzt wird. Im frühen 19. Jahrhundert gab es noch keine speziellen Schuhe. Die Frauen stopften sich Watte in die Ballettschläppchen und ver-

stärkten die Schuhspitze mit ein paar zusätzlichen Nähten. Heute sind die Spitzenschuhe vorne hart verleimt und haben eine stabile und feste Ledersohle. Immer noch näht jede Tänzerin ihre Bänder selbst an die Spitzenschuhe. Nur Frauen tanzen auf der Spitze.

Tendu

kommt von dem französischen Wort *tendre* und heißt übersetzt: spannen, *ausstrecken*. Im Ballett ist es das Strecken des Spielbeins nach vorne, zur Seite oder nach hinten. Das Spielbein ist das Bein auf dem der Tänzer gerade nicht steht.

Tutu

ist aus dem Französischen und bedeutet übersetzt: *Ballettröckchen*. Dieser Rock besteht aus mehreren Schichten Tüll, manchmal auch aus Seide oder Nylon. Das Tutu kann bis unterhalb des Knies reichen (romantisches Ballett) oder eben ganz kurz sein (klassisches Ballett).

63

Tanja Linder,
Jahrgang 1972,
ist staatlich ge-
prüfte Gym-
nastiklehrerin,
Tanzpädagogin,
Dozentin für
Tanz an der
Bode Schule
München

(Berufsfachschule für Gymnastiklehrerinnen),
Referentin an der BSA-Akademie und Weiter-
bildungsreferentin für Tanz und Fitness.
Sie entwickelt eigene Tanzchoreographien
und leitet Tanzgruppen. Sie unterrichtet seit
16 Jahren Kinder in verschiedenen Altersstufen
in klassischem Ballett, kreativem Kindertanz,
Jazz Dance und Hip-Hop. Als Fachautorin für
Tanz und Fitness hat sie schon mehrere Bücher
veröffentlicht.

Bibliographische Information der Deutschen Bibliothek

Die Deutsche Bibliothek verzeichnet diese Publikation in
der Deutschen Nationalbibliographie; detaillierte bibliographische Daten sind im Internet über
http://dnb.ddb.de abrufbar.

Lektoratsleitung: Sabine Schulz
Lektorat: Annette Maas, München
Herstellung: Angelika Tröger
Layoutkonzept Innenteil und Illustrationen: Sabine Fuchs,
  Ottobrunn
Layout und Satz: Uhl + Massopust, Aalen

Gedruckt auf chlorfrei gebleichtem Papier

Printed in Italy
ISBN 3-405-16885-6

BLV Buchverlag GmbH & Co. KG
80797 München

© 2005 BLV Buchverlag GmbH & Co. KG, München

Bildnachweis:
alle Fotos Antje Anders, München
außer S. 59, S. 60: Fotos Wolfgang Linhard

Umschlaggestaltung: Karin Niedermeier, München
Umschlagfotos: Antje Anders, München

Danke
Ich möchte mich ganz herzlich bedanken bei der
Firma DANCERIES für die Ausstattung unserer Models
(www.danceries.de). Danken möchte der Verlag auch
der Münchner Ballett-Boutique, Stefan Bongartz GmbH
und Vincenzo für seine Handschrift.
Vielen Dank an die kleinen geduldigen Models Jennifer,
Clara, Jessica, Kathalina, Laura, Sophie, Helena, Elisa, Stefanie, Chiara, Selina und Veronika.

Hinweis
Das vorliegende Buch wurde sorgfältig erarbeitet. Den-
noch erfolgen alle Angaben ohne Gewähr. Weder Autorin
noch Verlag können für eventuelle Nachteile oder Schä-
den, die aus den im Buch vorgestellten Informationen
resultieren, eine Haftung übernehmen.